C000130161

Libertad Financiera:

Aprende a Tomar el Control de tu Dinero y de tu Tiempo Hoy

Volumen 1: Los Principios del Ahorro

Por

Income Mastery

La información en las siguientes páginas se considera, en términos generales, como una descripción veraz y precisa de los hechos y, como tal, cualquier falta de atención, uso o mal uso de la información en cuestión por parte del lector hará que las acciones resultantes sean únicamente de su competencia. No hay escenarios en los que el editor o el autor de este libro puedan ser considerados responsables de cualquier dificultad o daño que pueda ocurrirles después de realizar la información aquí expuesta.

Además, la información en las siguientes páginas está destinada únicamente a fines informativos y, por lo tanto, debe considerarse como universal. Como corresponde a su naturaleza, se presenta sin garantía con respecto a su validez prolongada o calidad provisional. Las marcas comerciales que se mencionan se realizan sin consentimiento por escrito y de ninguna manera pueden considerarse como auspicios de la misma.

Tabla de Contenidos

Introducción

¿Cómo tomar el control de tu dinero y tu tiempo? ¿Cómo disfrutar de tu dinero y poder ahorrar al mismo tiempo? ¿Cómo lograr la libertad financiera y ser el jefe de tu vida? Te explicaremos diferentes maneras de cómo lograr la libertad financiera y tomar el control de tu dinero y tu tiempo hoy.

Comencemos pensando qué es la libertad financiera para ti. ¿Poder viajar cuando quieras? ¿Poder renunciar al trabajo de oficina de nueve a cinco? ¿No tener ninguna deuda? ¿Vivir de tus intereses? ¿Poder retirarte a los cincuenta sin preocupaciones? Todos tenemos respuestas diferentes pero la libertad financiera la podemos conseguir de la misma manera. Es muy importante tomar las riendas de nuestras finanzas y no vivir preocupados, pagando deudas y trabajando horas extras para poder pagar nuestras cuentas. Tenemos que comenzar teniendo claro qué queremos hacer y por qué queremos esta libertad, esto nos va a poder dar una dirección y nos va a generar una idea más clara de nuestro presupuesto.

Alcanzar la libertad financiera se puede lograr de varias maneras, no necesariamente se puede lograr solamente ganando más dinero. Debemos empezar ordenando nuestras finanzas y comenzando a ahorrar que es algo que no nos han enseñado desde pequeños. ¿Ahorrar de tu dinero y disfrutarlo al mismo tiempo es posible? La respuesta es sí.

Saber cómo ahorrar y gastar nuestro dinero es fundamental para poder conseguir la libertad financiera. Ahorrar no es fácil, gastar sí. Puede parecer imposible especialmente si nunca has tenido el control de tus finanzas. Esto incluye el manejo de tus tarjetas de crédito, el pago de tus deudas, la creación de presupuestos de corto y largo plazo, el manejo de tus gastos mensuales, metas a corto y a largo plazo, entre otros. Todo este planeamiento puede intimidarnos si no lo hemos realizado antes, pero es cuestión de orden y un poco de trabajo. Ahorrar dinero y alcanzar la libertad financiera es aprender a tomar decisiones conscientes, tener determinación, motivación y flexibilidad. No te vamos a decir que es fácil tomar las riendas de tu dinero, pero es posible y cada paso vale la pena. Una vez que comiences este proceso, te darás cuenta de que eres más disciplinado de lo que crees y que podrás alcanzar tus objetivos sin tanto esfuerzo como creías.

Desarrollaremos temas relacionados a nuestro manejo con las tarjetas de crédito, los tipos de gastos que tenemos y qué hacer para poder recortarlos o minimizarlos, te enseñaremos cómo crear un presupuesto a corto y a largo plazo, en qué consisten, en qué se diferencian ambos y cuáles son las metas que podemos alcanzar y cómo alcanzarlas. También explicaremos cómo organizar tus deudas, cuáles son las opciones que tenemos para bajar el interés de la misma y cuáles son las opciones para realizar el pago sin descapitalizarnos. Continuaremos con el uso de tus tarjetas de crédito, débito y el efectivo. ¿Cuál es la diferencia entre el uso de las mismas y por qué afecta tus ahorros? ¿Cuál es el impacto del uso de ambas en tus finanzas y cómo afecta tu libertad personal? Todo esto impacta y afecta directamente nuestros ahorros y nuestra libertad financiera.

En este volumen te enseñaremos cómo lograr la libertad financiera con estrategias simples pero efectivas.

Capítulo I: ¿Cómo preparar un presupuesto real?

Comencemos este proceso. Lo primero que debemos realizar antes de comenzar a trabajar en nuestro presupuesto es nuestra salud financiera. Es muy importante saber cuáles son nuestras deudas, con cuáles entidades tenemos cuentas pendientes, entender cuál es el interés que tiene cada deuda y cuánto es el monto total que tendríamos que pagar por deuda. Una vez que tenemos el monto total de nuestras deudas, debemos revisar si podemos pagarlas en una sola cuota o cuánto tiempo nos demoraría poder pagarlas completamente. Esto nos da un indicio de cómo nos encontramos financieramente y qué medidas debemos de tomar. Debemos pagar nuestras deudas completamente para poder ahorrar la mayor parte de nuestro dinero.

Una vez que hemos calculado nuestras deudas, podemos comenzar a armar nuestro presupuesto el cual comprenderá de nuestros ingresos y nuestros gastos. Es muy importante ser honestos con nosotros mismos y añadir todas las deudas que tengamos por más pequeñas que sean. Una vez realizado esto, tenemos que analizar qué tipo de deudas tenemos. ¿Acumulan interés? ¿Es posible pasar todas nuestras deudas a una sola entidad? De modo realista, ¿en cuánto tiempo podemos pagarlas sin ponernos la soga al cuello? Es muy importante saber cuánto es la tasa de interés de nuestras tarjetas y cómo se calcula. Los bancos ofrecen la compra de deuda y la colocan en cuotas mensuales con una tasa de interés fija usualmente más baja que la tasa de interés de nuestra tarjeta de crédito. En caso de que queramos poner en cuotas nuestras deudas y nuestro banco ofrezca esta opción a una buena tasa de interés, debemos considerar cuál sería el monto que debemos pagar mensual y la cantidad de cuotas en la cual nuestro banco nos permite acomodarlas. A más cuotas, menos el monto que debemos pagar mensual. Hay bancos que nos permiten pagar cuotas hasta en 3 años.

Todo va a depender de los planes que tengamos y cuánto estemos dispuestos a ahorrar para poder pagar nuestras deudas más rápidamente que es lo que nosotros recomendamos. Hay que considerar que también podemos realizar pagos al capital sin pagar los intereses. Pagar nuestra deuda de esta manera nos ayudará a ingresar al sistema financiero crediticio y a calificar para créditos. Es muy importante que paguemos puntuales nuestras deudas. Esto nos dará un buen puntaje crediticio. Podemos también considerar que otra entidad bancaria compre nuestra deuda. Por ejemplo, si tienes deudas con el Banco A, el Banco B probablemente pueda comprar el monto total con un porcentaje menor de lo que ofrece el banco A. En este caso, podríamos trasladar la deuda y ponerla en cuotas también.

Una vez que hayamos analizado cuál es la mejor opción para nosotros, podemos empezar a la elaboración de nuestro presupuesto. Es más fácil comenzar por un presupuesto a corto plazo, de uno a tres años y después continuar trabajando en nuestro presupuesto a largo plazo, de cuatro a diez años.

Comencemos preguntándonos ¿De cuánto es nuestro ingreso? Debemos tomar en cuenta no sólo nuestro ingreso mensual sino si tendremos algún ingreso adicional. Estos pueden ser por ejemplo intereses, algún regalo de cumpleaños en efectivo que recibamos todos los años o quizás algún ingreso por el alquiler de alguna propiedad. Debemos tomar en cuenta números reales, no añadamos ese aumento que podría llegar o algún trabajo freelance que nos podrían ofrecer. Es necesario que estos números sean realistas y verdaderos y que tomemos en cuenta la cantidad de impuestos a pagar. Una vez que tengamos este número, proseguiremos con los gastos.

Comenzaremos con los gastos fundamentales como el alquiler de nuestro departamento o casa o nuestra hipoteca, alimentos y bebidas que consumas, utilidades mensuales (agua, luz, electricidad, agua, etc.), nuestros gastos de transporte y el monto de nuestro seguro. Todos estos gastos son esenciales y la mayoría son fijos. Las utilidades pueden variar mes a mes según el uso, por eso es importante tomar el mes con más gastos y presupuestarlo como nuestro gasto fijo mensual para ahorrarnos sorpresas. En caso el gasto sea menos de lo esperado, es importante guardar ese monto y ahorrarlo o pagar nuestras deudas que sería más conveniente.

También tenemos que considerar nuestros gastos intermitentes los cuales variarán a lo largo del año como por ejemplo el mantenimiento de nuestro auto o impuestos que debemos pagar como el vehicular cada trimestre. Debemos considerar también si es más barato efectuar algún gasto anual como por ejemplo el seguro de salud. Muchas empresas brindan descuentos a sus clientes si se realiza un pago por una mayor cantidad de tiempo. Esto deberá ser considerado para poder tratar de minimizar y reducir nuestros gastos lo más que podamos.

Una manera de realizar con veracidad el presupuesto es tomar en cuenta todos los gastos que hemos realizado los doce meses anteriores, analizarlos y dividirlos entre doce. Esto nos dará una idea de cuánto hemos gastado el mes y el año anterior, en qué hemos gastamos y cómo van fluctuando nuestros gastos. Ver cuánto hemos gastado también nos va a ayudar a reconsiderar nuestros gastos. Cuando nos demos cuánto es el monto que gastamos en un café diario, será más fácil reconsiderar nuestros hábitos y ser más conscientes de las compras que realizamos. Nosotros recomendamos aumentar un diez o quince por ciento a este monto ya que lo consideramos vital, nos va a ayudar a tener un fondo de emergencia para cualquier pago adicional no presupuestado como puede ser algún reparo del auto o algún reparo de nuestra casa de emergencia. También nos ayuda en caso de algún aumento inesperado en alguna de nuestras cuentas. Si este monto no lo usamos, en vez de gastarlo en artículos que no son necesarios y podemos considerar de lujo, es mejor ahorrarlo. Poco a poco, con un poco de disciplina, comenzaremos a ahorrar más dinero del que soñamos y alcanzaremos la libertad financiera.

Para nuestro presupuesto a corto plazo es muy importante tomar en cuenta los cargos fijos de membresía con nuestras tarjetas de crédito, mucha gente no toma en cuenta este monto y sí es un monto considerable si tenemos más de una tarjeta. Este monto va a variar según la entidad financiera y el tipo de tarjeta que tengamos. Hay que comenzar revisando cuántas tarjetas de crédito tenemos y cuáles usamos habitualmente. En el caso de tener tarjetas de más de una de la misma entidad financiera, que usualmente es el caso, recomendamos verificar cuál es la tasa de interés de compras por tarjeta y consultar si se pueden unificar líneas, de esta manera, podemos ahorrarnos una membresía o varias con el mismo banco. Así también podemos incrementar nuestra línea de crédito en caso de una emergencia.

Es importante también saber ¿cuánto es el gasto mínimo que debemos generar mensualmente para no pagar esta membresía? ¿Qué requisitos tiene el banco para poder exonerarse de la misma? Es muy importante evaluarlo ya que si contamos con demasiadas tarjetas de crédito que no nos generan beneficios es mejor evaluar si es mejor cancelarla. ¿Realmente vale la pena pagar cuatro o cinco membresías diferentes anualmente? ¿Utilizamos todas las tarjetas? Estas preguntas nos van a ayudar a planificar cuál va a ser la mejor estrategia para el manejo de nuestro dinero y tarjetas de crédito, cuáles cancelamos y con cuáles nos quedamos.

¿Cómo tomar esta decisión? Hay que preguntarnos cuál es el beneficio que contamos por tarjeta, hay que revisar cuál es la tasa de interés aplicado en nuestras compras si no podemos pagar el total de la compra, si la tarjeta nos permite pagar en cuotas sin intereses o cuál es el interés mensual, si nos brinda algún valor agregado como descuentos en compras en tiendas donde compramos regularmente o en las cuales necesitaremos realizar compras o cuotas sin intereses en las mismas. Este simple ejercicio nos va a ayudar grandemente a ahorrar. Va a afectar el monto de nuestras metas a corto y a largo plazo de forma positiva. También va a cambiar la relación que tenemos con las tarjetas de crédito, una vez que nos damos cuenta cuál es el adicional que debemos pagar por un artículo pagándolo con tarjeta de crédito en vez de pagarlo en efectivo, pensaremos en utilizarla dos veces.

Ahora que ya tenemos nuestro presupuesto (hemos restado nuestros gastos de nuestro ingreso real) y hemos tomado decisiones importantes acerca de nuestras tarjetas de tarjetas de crédito, debemos preguntarnos si nos queda dinero, tenemos un déficit, tenemos un excedente y si podemos ahorrar con este ingreso y gastos en particular.

El ahorro se logra cuando nuestros gastos son menores que nuestros ingresos y guardamos algún monto, no importa qué tan pequeño sea. Nosotros recomendamos también ahorrar para poder tener un fondo de emergencia. Este podrá ser utilizado en caso de alguna emergencia, para poder pagar al capital de nuestra deuda o para poder generar más intereses en nuestra cuenta de ahorros y así a su vez obtener más ingresos. No se debe ver como un monto que podemos utilizar en cualquier situación, como su nombre lo dice, es solamente para emergencias como por ejemplo algún tratamiento en el hospital relacionado a nuestra salud. Nuestro presupuesto, realizando este simple cálculo nos ayudará en nuestro camino a la libertad financiera, ya que sabremos cuánto gastamos mensualmente. Este número determinará cuánto podemos ahorrar o cuántos gastos tenemos que cortar o reducir y cuáles. Siempre debemos considerar que es posible incrementar nuestros ingresos de diferentes formas, no necesariamente con un aumento de sueldo en nuestro trabajo sino también con trabajos adicionales como por ejemplo trabajar de FreeLancer en lo que ejercemos, inversiones o cambiar a un tipo de cuenta de ahorros que nos genere más intereses. Esto debe ser evaluado analizando diferentes entidades financieras, los pros y contras de estos, nuestro tiempo y qué es lo que realmente queremos.

Capítulo II: Cómo reducir tus gastos

Hablando del ahorro, en este punto, no podemos dejar de analizar nuestros gastos. ¿Por qué? Saber en qué gastamos, cuánto gastamos, cómo gastamos y cuáles son nuestras prioridades nos va a ayudar a en el camino hacia la libertad financiera.

La respuesta más evidente para poder ahorrar y reducir nuestros gastos es que tenemos que comenzar a vivir bajo nuestros ingresos. Parece una respuesta obvia pero no lo es. Tenemos que preguntarnos ¿por qué gastamos más de la cuenta? ¿Por qué nos endeudamos utilizando nuestras tarjetas de crédito y pagando tasas de interés altísimas? ¿Realmente necesitamos gastar en todos lo que gastamos? ¿Estos artículos son vitales para nuestra felicidad? ¿Podemos vivir sin estos gastos?

Comencemos con gastos que podemos recortar y/o reducir y analicemos nuestras suscripciones. ¿Cuántas suscripciones tenemos con débito o cargo automáticos a la tarjeta de crédito o débito? ¿Realmente son necesarias todas nuestras suscripciones? ¿Podemos encontrar alguna alternativa? ¿Es realmente necesario tener Spotify

Premium? ¿Netflix es vital para nuestra vida? ¿Realmente estamos utilizando esa membresía de gimnasio? ¿Tenemos que ir al gimnasio más caro?

El primer mes recomendamos por lo menos cortar una suscripción y la siguiente semana o el siguiente mes otra. Antes de tomar la decisión para no sentir que estamos cortando todo de raíz, recomendamos buscar las alternativas para ver dónde podemos ver películas o series por internet, dónde podemos escuchar música, si podemos bajarla de otra manera o cuál sería la alternativa más barata. Esto validará nuestra decisión y nos hará sentir que no estamos perdiendo parte de nuestra comodidad. Te darás cuenta de que no necesitas realizar estos gastos y que esa plata está mejor invertida en el pago de tu deuda o que puede ser ahorrada para poder alcanzar esa libertad financiera que tanto deseas. ¿Debes trabajar tantas horas al día para poder pagar esas suscripciones? La respuesta es realmente no.

Como ya hemos mencionado, es realmente importante comenzar a tomar decisiones conscientes y ser disciplinados. Cuando comencemos a ver el monto de lo que ahorramos nos sentiremos más motivados. Antes de comprar algo nuevo es muy importante preguntarnos cuál es el fin de la compra que vamos a realizar ¿ese nuevo par de zapatos o billetera nos ayudarán a obtener ese aumento que deseamos? ¿Nos ayudará a obtener la libertad financiera? ¿Podemos invertir esa plata en nosotros mismos? ¿Dónde estará mejor invertida? Estos artículos no nos ayudarán a obtener la libertad financiera y estarán mejor invertidos en una cuenta de ahorros ganando interés. Este tipo de gastos que no son vitales pueden ser recortados y ese excedente podemos utilizarlo para pagar nuestras deudas o puede ser ahorrado. ¿Realmente hace una diferencia recortar y/o reducir estos gastos? Claro que sí, sumándolos nos damos cuenta de que así sean cincuenta dólares mensuales, anualmente gastamos seiscientos dólares que pueden ser invertidos, en cuatro años dos mil cuatrocientos dólares que podrían ser utilizados para pagar el capital de nuestras deudas o ahorrados. ¿Hace cuánto tiempo tenemos estas suscripciones? Recordemos que mientras más ahorremos en menos tiempo, más rápido alcanzaremos la libertad financiera.

Hay que tomar en consideración los gastos de nuestra vivienda si en caso la alquilamos. Tenemos que analizar el precio de la misma. Preguntémonos si el precio está dentro del mercado, si podríamos vivir en algún lugar cerca con características similares por un precio más económico, si realmente vale la pena gastar tanto dinero en este alquiler en particular. ¿Por qué prefiero vivir en un lugar más costoso si pudiera ahorrar cientos de dólares al año por un lugar con las mismas características cerca o inclusive en la misma cuadra? Este cambio de mentalidad y la posibilidad de cambiar de vivienda va a significar un gran ahorro. Tener un alquiler menor significará que podemos utilizar ese dinero extra para pagar nuestras deudas o ahorrarla para poder pagar una inicial más alta de una casa y no tener una deuda tan alta de intereses. La mayoría de expertos en finanzas recomienda no aceptar ningún trato que cueste más de un tercio de tus ingresos económicos. Esto es algo que debemos considerar, si conseguimos una vivienda cien dólares más barata mensualmente al año son mil doscientos dólares ahorrados que nos ayudarán a conseguir la libertad financiera, tendremos el control de nuestro tiempo y dinero.

Por otro lado, tenemos que reconsiderar nuestros gastos costosos relacionados a nuestros hábitos. ¿Fumas cigarrillos? ¿Bebes mucho alcohol? ¿Consumes drogas? Estos hábitos pueden convertirse en adicciones costosas que a su vez pueden convertirse en problemas graves de salud lo que sólo nos llevaría a seguir gastando nuestro dinero. Dejando de fumar verás la diferencia no solamente en tus ahorros sino también en tu cuerpo y salud. Recomendamos también recortar la cantidad de veces que sales a beber alcohol por semana con amigos y no consumas drogas. Esto va a generar un gran ahorro y estarás un paso más cerca de alcanzar la libertad financiera.

Capítulo III: Aprende a investigar, evaluar gastos y tips para ahorrar más dinero

Algo fundamental para ahorrar es comenzar a investigar todo lo que compramos, analizar y comparar los precios. Muchas veces por comodidad vamos al mismo supermercado o pedimos por internet las cosas que queremos sin hacer mucha investigación y sin mucha planificación. ¿Cuántas veces hemos ido al supermercado sin una lista de ingredientes o lo que debemos comprar? Esto sólo genera compras adicionales de lo que creemos que vamos a consumir o lo que nos provoca en ese momento. Sin una lista, terminamos comprando cosas adicionales ya que no sabemos qué vamos a cocinar y muchas veces terminamos botando alimentos. Sobre todo ¿cuántas veces han ido al supermercado con hambre y les provoca comprar artículos que nunca van a consumir y que terminan en el tacho de la basura? Planificar las comidas es de suma importancia para ahorrar. A la hora de hacerlo, no olvides tomar en cuenta los precios de los insumos y las fechas de vencimiento. Ten en cuenta que consumir cualquier tipo de carne diariamente va a ser más caro que consumirla cuatro veces a la semana y los tres días restantes consumir menestras. Cambia ese costoso corte de carne por uno un poco más económico, agrega menestras, busca alternativas de proteína más barata. Cambia la carne de res por pescado, no sólo será más saludable para ti, sino que también te ayudará a ahorrar.

Hay que tener en cuenta la fecha de vencimiento de los artículos que estamos comprando, usualmente no los revisamos y nos damos con la sorpresa que la semana siguiente ya ha vencido. Esto va a evitar que botemos insumos como el jamón, queso, galletas, yogurt o insumos que usualmente olvidamos que tenemos en la refrigeradora y despensa. Cuando estemos de compras en el supermercado, no olvidemos comparar precios y prestar atención al peso y la diferencia de precio entre marcas. Muchas veces, la marca del mismo supermercado es más barata, pero ese no es siempre el caso. Busquemos las marcas en las cuales confiemos pero que sean más económicas. Esa diferencia de diez centavos de dólar en cada producto sí hace una diferencia a nuestros ahorros.

Queremos ahorrar inclusive un poco más, hablemos de los cupones y los descuentos ofrecidos por supermercados y las que podemos encontrar en internet. Los cupones son una gran manera de ahorrar dinero al comprar en supermercados. La mayoría de los supermercados tienen un programa de fidelización o tienen cupones u ofertas especiales. Averigua cuáles son los descuentos en el supermercado al que vas, si hay descuentos especiales según el día o dónde se puede conseguir cupones. Algunos supermercados tienen máquinas electrónicas que los imprimen. Siempre recomendamos ingresar o seguir a la página del supermercado en redes sociales ya que van poniendo diferentes promociones. Estos pequeños ahorros hacen una gran diferencia mensual y anualmente. Asimismo, también recomendamos comparar precios del supermercado local con el supermercado mayorista y con otros supermercados o lugares dónde podemos comprar nuestros víveres.

Podría parecer tedioso tener que estar comparando y buscando diferentes lugares para realizar nuestras compras, pero la mayoría de supermercados tienen precios y catálogos en la web, inclusive, algunos supermercados son más baratos si solicitamos nuestros víveres por internet vía delivery que yendo a comprar al local. A esto también deberíamos añadir el costo de transporte. En caso de que decidamos comprar en un mercado mayorista que usualmente tienen mejores precios y ofertas, debemos encontrar dónde almacenar una mayor cantidad de insumos. Aunque parezca difícil al principio, muchas veces, comprar al por mayor resulta beneficioso ya que no solamente ahorramos en víveres, sino que también gastamos menos en transporte. En vez de ir a comprar semanalmente, podemos realizar nuestras compras mensuales. Esto también nos va a ayudar a planificarnos más en nuestras comidas y en nuestro presupuesto mensual. Después de unos meses, nos iremos ajustando a esta nueva planificación e inclusive encontraremos más maneras de ahorrar en el supermercado.

Otro consejo para tus compras es usar una canasta y no un carro, especialmente si estás yendo por compras puntuales. Utilizar el carro es más cómodo, pero tendemos a comprar más ya que los vemos vacío y no tenemos que cargarlo, no tiene peso. Cuando usamos la canasta cómo tenemos que cargarlo nosotros tendemos a querer menos cosas y menos peso. Es más incómodo de llevar.

También hay que procurar no ir en hora pico al supermercado. Muchas veces vemos el carrito de la otra persona y vemos algún producto que no habíamos visto ni queríamos comprar, pero te provoca entonces lo compras. Esto podemos evitarlo yendo en horas donde no hay tanta gente, yendo enfocados y con nuestra lista de compras de la semana, de dos semanas o mensual. Es mejor también ir solos. Si vamos con familiares o amigos tendemos a comprar de más. Usualmente como no prestamos atención, conversamos y nos tienden a dar recomendaciones y nuevas ideas o sugerencias de plato para cocinar, esto incrementa nuestro presupuesto de alimentos innecesariamente.

Con estos tips podemos maximizar nuestro ahorro en nuestras compras del supermercado y en nuestra alimentación. Debemos ser disciplinados para no caer en tentaciones ni flojera de cocinar. Algunos tips son cortar todas las verduras en un sólo día apenas las compremos para que ya esté todo listo y no tener que estarlo haciendo cada vez que queremos cocinar.

Diariamente, recomendamos prestar atención a los pequeños gastos que realizamos sin siquiera darnos cuenta de cuánto afecta nuestro bolsillo y nuestro presupuesto. El café que tomamos diariamente, ese sándwich de almuerzo o el postre diario que consumimos todos los días o cada semana implica más gastos y menos ahorro. Inclusive esa botella de agua o gaseosa diaria añade a nuestros gastos. ¿Te suena conocido? ¿Es esto algo que haces? La pregunta es, ¿cómo podemos generar más ahorro cuando estamos fuera de casa? Si estás trabajando en una oficina ¿podemos llevar nuestra propia comida al trabajo en vez de salir a almorzar a diferentes restaurantes diariamente? En caso de que no podamos llevar nuestra comida al trabajo y debamos salir a comer debemos analizar qué restaurante tenemos cerca. ¿Tienes hambre a las once de la mañana y te provoca comer un keke o sándwich? Lleva una fruta de casa o prepara algo y anticipa este gasto. No solamente mejorará tu salud sino también comenzarás a ahorrar y dispondrás de ese dinero para ti.

En caso de que tengas que salir a almorzar debes investigar un poco. Muchos restaurantes tienen un menú ejecutivo que es más barato que hacer pedidos a la carta. Muchas páginas web ofrecen reservas en diferentes restaurantes con descuento de hasta cincuenta por ciento si haces la reserva por ese medio. Con estos tips el presupuesto de almuerzo puede reducirse notablemente. Estos almuerzos deben ir debidamente presupuestados por esta razón es tan importante realizar la investigación previa y anticipar estos gastos. Pregúntate si realmente debemos salir a consumir en restaurantes más de una o dos veces a la semana pudiendo cocinar en casa y teniendo los insumos para hacerlo. ¿Cuánto gastas en comida? ¿Cuánto realmente estás gastando en estos sándwiches o en estos antojos de comida callejera? Cuando hacemos el análisis costo beneficio nos damos cuenta de que recortando estos gastos y presupuestando las salidas a restaurantes o cafés, podemos ahorrar anualmente y/o pagar nuestras deudas en menos tiempo. ¿Vas a salir con amigos o familiares? Encuentra y sugiere algún lugar en que no tengas que consumir tanto, tenga descuento o hayas encontrado algún cupón.

¿Puedes planear dónde reunirte? Anda a la casa de tus amigos, comparte los costos de la comida entre todos o reúnete, pero come antes de salir en tu casa. De esta manera, evitarás la tentación de pedir esa pizza o hamburguesa cuando tengas hambre. Lo más importantes en este caso es apegarnos y respetar el presupuesto de salidas creado. ¿Vas a salir a un bar con amigos o colegas? Cena antes en tu casa para no tener que pedir comida durante o después de la salida. Pregunta por el Happy Hour o las promociones de After Office o el trago del día. Puedes compartir ese dos por uno con uno de tus colegas, modera la cantidad de trago que ordenas en tus salidas para poder lograr tu libertad financiera. Estos pequeños tips nos ayudan a generar e incrementar nuestros ahorros y nos llevan un paso más cerca a la libertad financiera. Parece sencillo, pero requiere motivación, fuerza de voluntad y determinación. Es sólo cuestión de planificación y análisis.

¿Sabes cuánto gastas en transporte hacia y desde el trabajo, a la casa de amigos o familiares, en las salidas de fin de semana y en compras? En el tema del transporte y el ahorro es muy importante saber cuánto estamos gastando y cuáles son las distancias que estamos recorriendo. ¿Podemos ver opciones como tomar el transporte público o la única forma de llegar a nuestro destino es manejando? ¿Qué tan cerca vivimos? ¿Podemos generar algún ahorro si tomamos un taxi o si utilizamos bicicleta? ¿Vives cerca a gente que trabaja contigo o va al mismo destino y podrían compartir un auto o un taxi? Estos factores debemos analizarlos ya que otro de nuestros gastos podrían ser reducidos o inclusive podría ser recortado. En caso de que manejemos, utilizar el carro no sólo genera estrés sino también aumenta el kilometraje a tu auto reduciendo su valor, incrementa tus gastos en gasolina y en mantenimiento y reparos. Empieza por investigar cuáles son las alternativas de transporte público, los precios y el recorrido.

¿Puedes caminar o utilizar la bicicleta? Empieza por cambiar poco a poco, haz un cambio y utiliza el medio de transporte elegido dos veces a la semana, después tres y en poco tiempo te acostumbraras. Tendrás la suficiente confianza que podrás movilizarte de esta manera siempre al trabajo, a tus reuniones sociales o a donde necesites ir. Probablemente te guste más que manejar y estés más relajado. La mejor opción siempre va a ser caminar o ir en bicicleta ya que aparte de que no tiene costo, tiene el plus que no contamina, podrás realizar tu ejercicio diario, mejorará tu salud, reducirá tu estrés y disminuirá tu huella de carbón. Imagina cuánto puedes ahorrar si dejas de gastar esos cien dólares semanales, son cuatrocientos dólares al mes y cuatro mil ochocientos soles al año. ¿Ya sabías cuánto gastas en transporte? ¿Te sorprende?

Capítulo IV: Aprende a manejar tus tarjetas de crédito

Pasemos a otro tema de algo que todos utilizamos y manejamos pero en el fondo pregúntate honestamente si sabes cómo usar tus tarjetas de crédito. ¿Entiendes cuál es el funcionamiento de las mismas? Para ahorrar debemos entender cómo funcionan las tarjetas de crédito y cuando la usemos, debemos usarlas con cautela o solamente en casos de emergencia si es absolutamente necesario. ¿Sabes cuánto interés tienes en la tarjeta de crédito? ¿Sabes cómo es calculado? Las tarjetas son muy buenas para poder entrar al sistema bancario y solicitar algún crédito que podría ser utilizado para comprar una casa o un carro, pero ¿es realmente necesario utilizarlas cuando salimos o compramos diferentes artículos? La respuesta es no. ¿Por qué no recomendamos llevar tus tarjetas de crédito a tus salidas con amigos, cuando vas al supermercado o acompañas a alguien de compras? El problema es que cuando salimos, nos emocionamos y gastamos más de la cuenta. Un trago más no puede ser tan costoso, ese polo me quedo muy bien o ese par de zapatos me quedarán muy bien. Por esta razón recomendamos llevar efectivo para lo que vamos a utilizar. El efectivo debe estar dentro de nuestro presupuesto y recomendamos llevarlo exacto para comprar o pagar lo que puntualmente necesitamos.

Cuando paguemos en efectivo en algún establecimiento, recomendamos guardar el vuelto en una alcancía y no gastarlo. Esto irá incrementando conforme pasen los meses y contaremos con un fondo adicional sin mucho esfuerzo. Los bancos cuentan con máquinas que cambian el sencillo a billetes, este dinero adicional abónalo en la cuenta que te genere intereses o en tu cuenta de ahorros. No lo gastes y guárdalo. Notarás cuánto sencillo gastas sin darte cuenta en un mes y especialmente en un año.

Si no hemos sacado el efectivo, recomendamos pagar con la tarjeta de débito debido a que es efectivo y no genera una deuda, no con la tarjeta de crédito. El día que salgamos a comer o que queramos comprar algo, es mejor revisar de antemano con qué tiendas y compañías nuestra entidad bancaria tiene descuento ya que tienen varias alianzas con diferentes tiendas. Esto nos permite comprar ese artículo que necesitamos pero gastando menos.

Por otro lado, si hemos estado utilizando la tarjeta de crédito regularmente, también es bueno revisar qué tipo de convenios tiene y si nuestros gastos han generado algo positivo, ¿hemos estado acumulando puntos? ¿Qué tipo de puntos? ¿Cuántos puntos tenemos y cómo y en qué los podemos canjear? La mayoría de tarjetas de crédito tiene convenios con aerolíneas y podemos canjear nuestros puntos por pasajes aéreos.

¿En nuestro presupuesto a corto o largo plazo tendremos que realizar algún viaje? Si la respuesta es sí, podemos canjear estas millas acumuladas en vez de hacer el pago del pasaje o pagar menos pasaje. Es importante viajar en temporada baja y no en temporada alta para que los pasajes, establecimientos y comida tengan un costo menor y reducir nuestro presupuesto. Los puntos otorgados por los bancos usualmente no sólo pueden ser canjeados por millas, muchas veces también sirven para noches de hoteles, hacer compras en supermercados e inclusive en diferentes tiendas de ropa o artículos. De esta manera, podemos ahorrar en nuestra siguiente compra.

Para ahorrar es necesario planificar los viajes con anticipación, recomendamos por lo menos un año antes para poder tener mejores precios en tickets aéreos, hoteles y tours en caso los necesitemos. Asimismo, para tours siempre podemos encontrar tours gratis para turistas. Planificar siempre nos ayuda a ahorrar dinero.

¿Tienes aplicaciones en el celular que cuentan con el número y la información de tu tarjeta de crédito?

Usualmente utilizamos aplicaciones de comida, delivery de artículos que necesitamos o de taxis. Recomendamos retirar la información de la tarjeta y cambiar a la opción de pago con efectivo. Es más fácil caer en la tentación si no contamos con efectivo y queremos pedir algo y nos gana la flojera. Perdemos la cuenta y comenzamos a acumular deudas ya que los consumos no siempre se cargan al momento del consumo. Cambiando todos tus pagos a efectivo pensaremos dos veces antes realizar algún pedido y respetaremos nuestro presupuesto. También es más fácil hacer el seguimiento de tus gastos si todos los pagos son en efectivo. La próxima vez que queramos pedir comida por la aplicación lo pensaremos dos veces si ese monto sale de nuestro presupuesto mensual y tendremos que sacrificar algo por ese pedido. Así, comenzaremos a cocinar y a tomar mejores decisiones, más conscientes y pensaremos en qué estamos gastando. Bienvenido al mundo del ahorro y las decisiones planificadas.

¿Para qué usas la tecnología? ¿La estás utilizando de la mejor forma? Recomendamos usar a la tecnología como tu aliada. ¿Cómo? Automatiza todos los pagos que tengas que realizar mensualmente para que se efectúen directamente de tu cuenta de ahorros. De este modo, te ahorrarás el estrés de tener que estar pagando por internet o yendo a diferentes locales a realizar diferentes pagos de tus tarjetas. También es una muy buena herramienta y una manera de ser precavidos y no pagar más de la cuenta en intereses. Por ejemplo, si nos vamos de viaje y/o nos olvidamos de pagar una tarjeta, las entidades financieras generan y cobran altos intereses por día que no se ha cancelado la deuda. Este gasto, además de no estar presupuesto, es absolutamente innecesario. Por esta razón, automatizando nuestros pagos podemos ahorrarnos este estrés adicional. Podemos pagar nuestras utilidades de esta manera también sólo debemos afiliar nuestra cuenta a estas entidades y generar un cobro directo. Claro que debemos revisar que no nos estén cobrando más de la cuenta.

Una herramienta bastante útil para ahorrar es abrir una cuenta de metas de ahorros en nuestra entidad bancaria, esto se puede hacer desde la aplicación, ya no hay necesidad de ir al banco y realizar esas colas tan largas y perder media mañana. Este tipo de cuenta es paralela a nuestra cuenta de ahorros y nos ayuda a alcanzar la meta que consideremos alcanzable en el tiempo que nosotros determinemos. ¿Cómo funciona y por qué nos ayuda a ahorrar? Porque no podemos retirar ese dinero cuando nos plazca o queramos comprar algo que no está en nuestro presupuesto, debemos seguir aportando y guardar ese dinero hasta alcanzar la meta trazada y pactada con la entidad bancaria. La única manera de retirar el dinero es cerrando la cuenta. Este dinero igual volvería a nuestra cuenta de ahorros, pero la idea es tenerlo guardado donde no podamos caer en la tentación de utilizarlo. Esto es muy útil para nosotros ya que podemos fijar el monto mensual que podemos aportar y esté de acuerdo a nuestro presupuesto a esta cuenta y solicitar también el débito automático de nuestra cuenta de ahorros, de esta manera, nosotros no podemos disponer de este efectivo lo que nos ayuda a ahorrar y alcanzar el monto que nos hemos trazado como meta.

Recomendamos ingresar esporádicamente a ver el monto que ya hemos ahorrado en nuestras cuentas con relativamente poco esfuerzo. Esto nos va a ayudar a motivarnos y seguir creando el hábito de ahorrar. También nos va a sorprender cómo algunos cambios y ajustes en nuestros hábitos pueden generar ahorros significativos. Es importante, y es lo que recomendamos, tener la aplicación de nuestro banco en el celular para así revisar periódicamente los gastos que hemos realizado y cuál es el monto total de nuestras deudas. Viendo cómo nuestros ahorros van disminuyendo y cómo van incrementando, nos motiva a seguir ahorrando. La libertad financiera está cada vez más cerca.

Por otro lado, siguiendo con la tecnología, existen diversas aplicaciones muy fáciles de utilizar que te ayudan a ordenar y mantener tus gastos al día. En estas aplicaciones podemos agregar cuál es nuestro presupuesto mensual, diario e inclusive anual e ir agregando nuestros gastos diarios. Automáticamente nos dirá cuánto es el monto que nos queda para gastar diariamente y cuál es nuestro ingreso después de estos gastos. Ver nuestros gastos y agregarlos en la aplicación nos va a ayudar también a tomar decisiones más conscientes y a darnos una idea más clara de qué gastos todavía podríamos ajustar o inclusive eliminar.

Algunas de estas aplicaciones pueden ser vinculadas a nuestra cuenta bancaria e inclusive incluyen cupones y ofertas para ayudarnos a ahorrar un poco más. Sin esfuerzo y sin pensarlo estaremos reduciendo, inclusive más, nuestros gastos por ende estaremos aumentando nuestros ahorros.

Capítulo V: Aprende a ahorrar

¿Te cuesta ahorrar sólo? Ahorrar también es como hacer ejercicio, si lo haces con algunos amigos o familiares, te motivas más y te sientes obligado a hacerlo, inclusive puede incrementar tu competitividad y quieres ganarles ahorrando. Existen algunas aplicaciones en las que puedes crear un grupo de ahorros invitando a tus familiares y amigos. Cada cuenta y meta es individual al igual que el aporte, pero es muy bueno para lograr metas en conjunto y motivarse el uno al otro. ¿Te interesaría hacer alguna apuesta con tus amigos o familiares que tú puedes ahorrar más? Descarga esta aplicación y comienza a ahorrar hoy. Cabe resaltar que debemos verificar que estas aplicaciones no cuenten con comisiones, tener saldo mínimo o ningún tipo de comisión por transacción el cual es el caso en la gran mayoría. Es muy importante estar motivados y saber que ahorrar es cuestión de planificación y de tomar decisiones conscientes. Tus amigos y familias pueden ayudarte a alcanzar tus metas y a no comprar de más.

¿Te encanta comprar por internet? ¿Siempre te llegan las ofertas de tus marcas favoritas? ¿Te llegan descuentos de más de veinte tiendas diferentes? Este es el caso de la mayoría de las personas. ¿Cómo dejar de caer en la tentación? Si estás inscrito en los correos de promociones de varias tiendas es hora de desuscribirte o enviar todos estos correos a SPAM. Esto va a evitar que caigamos en la tentación de comprar lo que no necesitamos cuando esté en descuento. Debemos empezar a realizar compras racionales y no emocionales. Hay que dejar de comprar porque veamos un artículo que nos gustó en descuento que a fin de cuentas terminará guardado ya que no lo necesitamos y podemos considerarlo un artículo de lujo. ¡No veas artículos que no puedes comprar! Querrás incluirlos en tu presupuesto o salirte del mismo solamente para obtenerlo. No estar en la lista de remitentes de este tipo de mails también nos quita el estrés de querer comprar algo que no esté planificado o que no hayamos pensado que lo necesitamos.

Algún artículo nuevo como una licuadora cuando la nuestra todavía funciona a la perfección, pero la que queremos tiene características adicionales que nunca utilizaremos, pero pensamos que necesitamos. ¿Te suena familiar? Si queremos inscribirnos y que nos envíen correos recomendamos que sean de finanzas, de cómo lograr tus metas y de tips financieros. Esto nos va a mantener motivados y nos va a educar más en el manejo de nuestras finanzas. Inscríbete a páginas que te gusten, ¿practicas algún deporte? ¿Te interesa algún tema en particular? Comienza a utilizar tu tiempo en lo que tú quieras y en lo que te guste.

Estos pequeños tips evitan que hagamos pequeñas compras que se van sumando al final del mes y ayudan a evitar que caigamos en tentaciones.

Retomando el uso de las tarjetas, en caso de que necesites utilizar la tarjeta de crédito y no puedas pagar el monto total antes de que genere intereses, llama a tu banco y solicita que lo pongan en cuotas. ¿Por qué hacemos esto? Para no pagar el interés y tener que pagarle al banco más de lo que nos costó el artículo solo. Recuerda que el interés se calcula sobre el total que no hemos cancelado, es decir, si tu interés en compras es del cincuenta por ciento y no pudiste pagar cien dólares, tendremos que pagar la mitad adicional de artículo comprado. ¿Lo habías pensado de esta forma antes? Imagínate cuánto adicional hemos pagado a los bancos por no pagar el monto total de nuestras deudas.

Esto va a ser que respetemos nuestro presupuesto para nuestras salidas y no gastemos más de la cuenta. Asimismo, podemos ver cuánto es lo que realmente estamos gastando. Como hemos recomendado, es muy importante saber cuánto es lo que estamos gastando, y agregar todos nuestros gastos a alguna de las aplicaciones en el celular que hemos elegido y que nos ayudan a determinar este monto. Sabiendo en qué estamos gastando también podemos cortar costos adicionales, por ejemplo, si nuestro presupuesto de gasto al día en comida es de veinte dólares podemos ver en qué estamos realmente gastando. Pensaremos dos veces antes de comprar ese café que podemos tomar en casa.

Otra manera de ahorrar un poco más sin mucho esfuerzo es buscando cupones en internet. Hay páginas web que brindan descuentos en restaurantes, hoteles y restaurantes. Aunque lo más importante es reflexionar antes de comprar algo que no necesitamos.

Para establecer nuestra meta de ahorro a corto plazo podemos comenzar a planear de uno a tres años. Deberíamos pensar en ahorrar para poder vivir de tres a nueve meses para pagar los gastos diarios por si acaso, ya que no sabemos qué es lo que podría pasar en un futuro en la empresa en donde trabajamos o en la economía de nuestro país. Debemos guardar dinero en efectivo para pagar nuestras vacaciones y compras grandes como un auto. El plan de ahorro a largo plazo debería ser de cuatro años o más y debería incluir el inicial de una casa o un proyecto de remodelación, la educación de sus hijos y la jubilación con la que tantos sueñas. También podemos considerar invertir nuestro dinero en una cuenta de inversiones que, aunque representan un riesgo, también indica una oportunidad para crecer cuando el mercado crece.

El establecer una meta de ahorro más pequeña como por ejemplo para comprar un celular, puede darnos el impulso psicológico que hace que la sensación inmediata de ahorrar sea gratificante y se vuelva un hábito.

En el ámbito social, ¿verificas todo lo que pagas? Es un muy mal hábito, pero usualmente no revisamos las cuentas que pagamos ni verificamos lo que firmamos ni revisamos la boleta. ¿Increíble verdad? ¿Cuántos somos culpables de esto? Recomendamos que, si vas a salir con amigos y piden la cuenta en un bar, por ejemplo, que verifiques que no hayan cargado ninguna de sus bebidas en tu cuenta para que evites pagar de más. ¿Quieren tus amigos o familiares dividir la cuenta y sólo has consumido un plato? Evita hacerlo, explícales que estás en modo ahorro y que sólo pagarás lo que has consumido. Así evitarás, lo más probable, que su cuenta sea tres veces más cara que tu consumo. ¿Dejas propina en los restaurantes? Considera la posibilidad de descargar alguna aplicación que calcule cuánta propina debes dejar y agrégalo a tus gastos.

¿Estás pensando que ahorrar va a ser aburrido? ¿Piensas que tu vida social va a sufrir o ya estás estresado y extrañando esas salidas a los bares y restaurantes todos los fines de semana o tres veces a la semana? ¿Piensas que no podrás divertirte porque estás ahorrando y no puedes salir con amigos? Eso no es cierto. Puedes cambiar tus hábitos de ocio y actividades recreativas por unas nuevas y más asequibles. Esto te ayudará a encontrar el equilibrio perfecto entre diversión y responsabilidad. ¡Estarás ahorrando, te estarás divirtiendo y explorando al mismo tiempo! Pruébalo y sorpréndete, podrías divertirte más y tener nuevos amigos explorando estas opciones.

¿Eventos gratuitos en tu ciudad? ¡Sí! Mantente al tanto de los eventos gratuitos de tu comunidad, síguelos en redes sociales, busca grupos en Facebook o en diversas páginas de tu comunidad en que la gente comente y comparta este tipo de eventos. ¿Mi ciudad tiene eventos gratuitos? Sí, todas las ciudades cuentan con un itinerario de actividades recreativas gratuitas para todos los ciudadanos. Por ejemplo, algunas de las actividades gratuitas que realizan son las proyecciones de diferentes películas en parques, clases gratuitas de diferentes deportes, baile o aeróbicos, exhibiciones de arte y eventos comunitarios financiados por donaciones. Visítalos y cambia tu rutina. Te vas a involucrar más con la comunidad, conocerás nueva gente y explorarás este nuevo tipo de actividades divertidas que no hubieras experimentado de no ser por este cambio de vida.

Bajar nuestros costos recreacionales nos ayudará a ahorrar y a mantenernos dentro de nuestro presupuesto mensual e inclusive podría ayudarnos a ahorrar más de lo que hemos presupuestado. Por otro lado, si estás acostumbrado a jugar con videojuegos o comprar juegos en línea o para el Nintendo Swich puedes hacer un cambio y buscar juegos gratis o simplemente cambiar de actividad o agregarla a nuestro nuevo día, nosotros recomendamos comenzar a leer. Leer es una actividad gratuita que puedes realizar sin gastar dinero. Hay páginas y aplicaciones que brindan los libros completos y gratuitos. ¿Tu ciudad y distrito tiene una biblioteca? Retira libros sin costo alguno, hay muchas tiendas de segunda mano que tienen libros muy baratos. Inténtalo y verás cómo tu cuenta de ahorros va incrementando.

¿Ya conoces tu ciudad? Diviértete explorando con tus amigos, realizando actividades como caminatas, sin tener que gastar una gran cantidad de dinero o inclusive nada en lo absoluto. Hay diferentes actividades culturales como noches en las que los museos no cuestan, tours gratis del centro de tu ciudad y una gama de actividades que puedes realizar sin costo.

¿Estamos preocupados por la libertad financiera en veinte años? Considera la posibilidad de abrir una cuenta de jubilación. Es realmente importante que tengamos esta cuenta en planes para poder alcanzar la libertad financiera a largo plazo. Si queremos alcanzar la libertad financiera es necesario que comencemos a pensar en jubilarnos.

¿Cuándo queremos jubilarnos? De esto va a depender la cantidad de dinero que tendremos que guardar para poder jubilarnos más temprano. Si bien la situación de cada persona es diferente, los expertos recomiendan aportar el diez por ciento al menos de tu ingreso mensual a tu cuenta de jubilación para poder mantener el estilo de vida actual sin preocupaciones. ¿Parece un número muy alto? Cuando comiences a realizar los pequeños cambios en tus hábitos ya mencionados te darás cuenta de que este número es alcanzable y que inclusive podrías aportar un poco más. Otra opción es consultar con tu empleador sobre la posibilidad de aportar a algún plan de jubilación. Las empresas cuentan con convenios y alianzas con diferentes centros financieros por lo que estas cuentas permiten realizar depósitos automáticos por una cantidad específica de tu salario mensualmente. Hay que considerar que el dinero que sea depositado en esta cuenta específica no estará sujeto a las mismas tasas que el resto de tu salario. ¿Simple verdad?

Capítulo VI: Como generar más ahorro

¿Queremos ahorrar inclusive más? Entonces es absolutamente necesario que prestemos atención a la cantidad de electricidad que consumimos diariamente en nuestra vivienda. ¿Duermes con la televisión prendida? ¿Dejas las luces prendidas? ¿Esa lámpara de la sala la apagas antes de salir o se mantiene prendida toda la noche y toda la mañana? Puede parecer inofensivo y que el consumo no es mucho, pero estos pequeños descuidos incrementan nuestra cuenta de electricidad mensualmente por consiguiente anualmente y afectan nuestra meta de ahorro. Usar la secadora diariamente o más de una vez a la semana también consume bastante electricidad. Debemos tomar en cuenta el tiempo que demora secar la ropa para poder programar cuándo y cómo vamos a lavar nuestra ropa a fin de disminuir nuestro consumo eléctrico. La terma también consume electricidad, para poder reducir el mismo, se puede apagar diariamente o cuando nos vayamos lejos de casa por varios días o de vacaciones. Estos pequeños cambios no solo ayudarán a incrementar tus ahorros sino también estarás ayudando al planeta.

Estos pequeños cambios en nuestros hábitos diarios generan un impacto positivo en nuestras finanzas. Contamos con diferentes opciones y estrategias simples para comenzar a ahorrar y alcanzar nuestra libertad financiera. Recupera tu tiempo y el control de tu dinero siguiendo nuestros consejos. El primer paso va a ser evaluar nuestra salud financiera, ¿cuánto debemos realmente a los bancos? ¿Debemos a algún otro tipo de entidad? Hay que comenzar siendo completamente honesto con nosotros mismos. Después debemos ver cómo podemos pagar mensualmente esta deuda sin acumular tantos intereses, podemos conversar con nuestra entidad financiera y solicitar una compra de deuda. Esto significa que tendremos la opción de pagar en cuotas por un determinado tiempo a un menor interés. Esto nos da la oportunidad de organizar mejor nuestro presupuesto y disminuir el gasto en los intereses de las compras que ya hemos realizado.

Por lo tanto, podríamos convertir nuestra deuda total en una cuota fija mensual por el número determinado de tiempo que vaya de acuerdo a nuestra meta y dentro de nuestras posibilidades de pago. También podemos solicitar a otra entidad financiera que compre nuestra deuda y comparar cuál tiene mejor tasa de interés para nosotros. El tipo de pago sería el mismo. Una vez que ya tenemos la cantidad exacta de nuestra deuda, debemos calcular con cuánto dinero realmente contamos en el mes, después de haber pagado nuestros gastos fijos y básicos. Esto nos va a dar al comienzo una idea de qué cambios necesitamos realizar para poder comenzar a ahorrar y cuántos gastos debemos reducir o recortar.

Empezando con acciones simples como esta de presupuestar nuestros gastos, guardando los vouchers, entre otras acciones y sabiendo cuánto tenemos de ingreso mensual y tomando consciencia de cuánto podemos gastar y en qué, podemos salir de nuestras deudas, ahorrar y encontrar la libertad financiera. Estas pequeñas acciones a lo largo de los meses y el año nos llevarán a obtener la libertad financiera y retomar el control sobre nuestras finanzas y nuestro tiempo. Algunas acciones simples que podemos realizar son llevar el registro en un diario, con lápiz y papel de lo que hemos gastado después de haber realizado cada compra diariamente, guardando los vouchers y/o registrándolo en la aplicación que hemos elegido para el celular la cual llevará nuestras finanzas. Con este ejercicio, nos daremos cuenta el tipo de gastos que estamos realizando y cuáles podemos cortar o disminuir. Pensaremos dos veces antes de comprar ese sándwich, café o par de zapatos que no están dentro de nuestro presupuesto y que no necesitamos.

CONCLUSIÓN

Las suscripciones a diferentes programas y/o aplicaciones encarecen nuestros gastos mensuales y anuales especialmente si contamos con algún programa o aplicación que pueda reemplazarlo. Como, por ejemplo, estar suscritos a una cuenta de Netflix o Spotify Premium. Sabemos que igual podemos escuchar música y ver series en otras páginas web o aplicaciones gratuitamente y que ellas no son exclusivas y no son las únicas. Por otro lado, analizar nuestros gastos fijos será de mucha ayuda para evaluar los cambios que podemos realizar. ¿Es nuestro alquiler de departamento o casa muy caro? ¿Podemos encontrar otro lugar con las mismas características por menos dinero? ¿Cuánto podemos disminuir nuestro consumo de agua y luz? Tomando duchas más cortas y cuidando de dejar siempre apagadas las luces y la televisión al igual que reduciendo la cantidad de veces mensuales que utilizamos la secadora, podemos reducir nuestra cuenta de electricidad y agua. Apaga la terma cuando vayas de viaje y desconecta tus aparatos electrónicos, te va a sorprender la diferencia en tu cuenta de luz y agua.

¿Vas al supermercado sin una lista y piensas comprar lo que escojas con el dedo, con tu lista en mente, mientras vas caminando por los pasillos? Lleva una lista de los alimentos y bebidas que debes comprar para no comprar más de la cuenta y que al final te quede comida. Planificando nuestro menú de la semana o inclusive si podemos del mes, podemos reducir considerablemente nuestros costos. Analizando y revisando los precios de la competencia, también podemos elegir comprar en el lugar más económico y con mejores ofertas. Revisar las ofertas, descuentos y cupones que ofrecen diferentes supermercados y tiendas nos ayudará a tener una mejor idea de dónde comprar.

Asimismo, hay varias aplicaciones que ofrecen cupones y descuentos en diferentes supermercados y tiendas. ¿Cuánto gastas en transporte hacia y desde el supermercado? Compra en un mayorista, podrías realizar tus compras hasta una vez al mes esto disminuirá el costo de tus alimentos, te ayudará a planificarte mejor, gastarás menos en transporte y ayudarás disminuyendo la emisión de dióxido de carbono y por ende al calentamiento global.

Accede y busca cupones y descuentos, así puedes comenzar a gastar menos. Toma mejores decisiones al momento de planificar tus eventos sociales y familiares. No olvides que también debes presupuestar todas las salidas con amigos, familiares y colegas. ¿Quieres mantenerte dentro de tu presupuesto? Busca restaurantes con descuentos en diferentes páginas de internet, aplicaciones o revisa si cuentas con algún tipo de descuento en nuestra tarjeta de débito debido a la entidad financiera a la que estamos afiliados. ¿Saliste con amigos? Es necesario llevar la cuenta de lo que estamos consumiendo y prestar atención a nuestras cuentas. ¿Cuántas veces realmente revisamos lo que nos están cobrando y lo que estamos pagando en efectivo o lo que nos están devolviendo en una caja? Es de suma importancia revisar nuestras cuentas, boletas y/o facturas, lo que estamos pagando y nuestra devuelta.

En caso de que estés en un grupo y quieran dividir la cuenta entre todos, si eres la persona que menos ha consumido sería bueno que les expliques que estás ahorrando y que sólo pagarás lo que has consumido. Es de suma importancia que tus aplicaciones de comida rápida o de taxi no cuenten con tu tarjeta de crédito registrada para evitar hacer consumos y pensar que los vas a pagar después. No dejemos que la flojera nos gane. Paga y cambia el método de pago en todas tus aplicaciones a efectivo. Esto nos va a obligar a pensar y ser conscientes de en qué estamos gastando.

Debemos enfatizar que debemos dejar de usar nuestras tarjetas de créditos para poder ahorrar en nuestras compras diarias. Esto se debe a que los intereses generados por la tarjeta si no se paga el monto total son muy altos, podemos inclusive llegar a pagar el doble de lo que hemos comprado o de nuestra deuda. Es más fácil llevar nuestro presupuesto y respetarlo si contamos con el dinero en efectivo justo para nuestros pagos, si empezamos a usar la tarjeta de crédito podemos salirnos fácilmente de nuestro presupuesto y gastar más de lo que podemos o necesitamos.

¿Cómo nos transportamos diariamente? Esto también influye en nuestro presupuesto y en nuestra meta de ahorros. Es uno de esos gastos que podemos disminuir investigando cuál es la mejor forma de llegar al trabajo, a reuniones familiares, al supermercado o a la casa de nuestros amigos ¿Vas en auto? ¿Sabes qué gastos implica? Al andar en vehículo propio gastamos en gasolina, mantenimiento y contaminamos el medio ambiente. Aparte aumentamos el kilometraje al auto que reduce su valor en el mercado. ¿Qué hacer? ¿Tienes a algún colega que también vaya en auto y quiere compartir los gastos? Mejor aún, ¿puedes llegar en transporte público a la oficina? Es muy importante comparar los precios para ver cuánto sería el ahorro mensual y anual. Si trabajamos cerca de la oficina podemos considerar ir caminando o en bicicleta. Estas serían las mejores opciones ya que son gratis, ayudan con el estrés diario, te estarás ejercitando antes y después de la oficina y no contaminarás ni afectarás la capa de ozono.

Para ahorrar también podemos buscar otro tipo de actividades organizadas para la comunidad como cine al aire libre en parques, paseos históricos por nuestra ciudad o actividades al aire libre. Involúcrate en tu comunidad, ten nuevas y experiencias y disfruta más pagando menos y ahorrando menos. Recomendamos guardar toda la devuelta que tengamos cuando paguemos en efectivo en cualquier establecimiento. Una buena idea sería colocarlo en una alcancía. Mensual o trimestralmente podemos ir al banco a cambiar menudo por billetes y depositarlo en nuestra cuenta de ahorros.

Utiliza la tecnología a tu favor. Habla con tu banco y solicita el débito automático en el pago de tus cuentas esto va a evitar el estrés de ir a la entidad financiera a pagar mensualmente y el descuido si nos vamos de viaje. Cada día que transcurre que no pagamos una deuda esta suma intereses. ¿No estás muy convencido de cómo puedes utilizar la tecnología a tu favor? Abre una cuenta desde la aplicación de tu banco con una meta de ahorros con dinero que no puedas utilizar y solicita que este dinero sea debitado directamente de tu cuenta. Te sorprenderá la cantidad de menudo que gastamos que parece poco. Reta a tus familiares y amigos a ahorrar, descarga una aplicación y crea un grupo para invitarlos a ahorrar contigo, cada meta y cada depósito serán individuales, pero se van a motivar mutuamente. Descarga la aplicación que lleve tus gastos, revísalos periódicamente, piensa que gastos como cafés y cenas puedes reducir. Motívate y revisa periódicamente cuál es el monto que ya vas ahorrando, revisa que todos los pagos con débito automático hayan sido realizados y relájate. Envía a SPAM o solicita que ya no te envíen correos con descuentos de tus tiendas favorita, ¿realmente necesitas ese nuevo par de zapatos? ¿Necesitas esa licuadora nueva con funciona que jamás entenderás ni utilizarás? La verdad que no.

Todos estos cambios sugeridos no sólo van a cambiar nuestra rutina, también van a cambiar nuestra mentalidad y nuestra relación y entendimiento de nuestras finanzas y nuestro dinero. Nos ayudará a ahorrar y esto será más simple de lo que siempre hemos creído, podremos alcanzar nuestras metas y alcanzaremos la libertad financiera, aprenderemos y retomaremos el control de nuestro dinero y tiempo. Estos pequeños cambios en nuestra rutina diaria, nos va a ayudar a alcanzar nuestras metas financieras, pagar nuestras deudas y tener nuestro fondo de emergencia. No debemos estresarnos por dinero, debemos tener un mejor manejo. No necesariamente necesitamos ese aumento o un trabajo adicional, debemos aprender a reducir y minimizar los gastos adicionales de lujo que tengamos y debemos aprender a tomar decisiones racionales, conscientes y planificadas y no emocionales. ¡Empieza hoy y cambia tu vida! ¡Ahorra hoy!